**Eric Dreyer**

# Agiles Projektmanagement mit Scrum

GRIN Verlag

**Bibliografische Information der Deutschen Nationalbibliothek:**

Die Deutsche Bibliothek verzeichnet diese Publikation in der Deutschen National-
bibliografie; detaillierte bibliografische Daten sind im Internet über http://dnb.d-
nb.de/ abrufbar.

**Impressum:**

Copyright © 2008 GRIN Verlag GmbH
Druck und Bindung: Books on Demand GmbH, Norderstedt Germany
ISBN: 978-3-640-90849-3

**Dieses Buch bei GRIN:**

http://www.grin.com/de/e-book/126725/agiles-projektmanagement-mit-scrum

**Ausarbeitung**

# Agiles Projektmanagement mit Scrum

*im Rahmen des Seminars Software-Management*

## Eric Dreyer

Institut für Wirtschaftsinformatik
Praktische Informatik in der Wirtschaft

# Inhaltsverzeichnis

# 1 Entstehung und Ursprung von agiler Softwareentwicklung

Ende der 50er / Anfang der 60er Jahre entstehen die ersten Softwareentwicklungen – anfangs noch wenig komplex und meist nur zu wissenschaftlichen Zwecken. Vor allem unzureichende Hardware verhindert leistungsfähige und wirtschaftlich einsetzbare Programme. Mitte der 60er beginnen Computer die Unternehmenswelt im großen Stil zu erobern und somit steigen die Anforderungen an Hard- und Software. Wo Hardware durch den Einsatz von Transistoren und integrierten Schaltkreisen problemlos den wachsenden Ansprüchen gerecht wird, stockt es bei der Entwicklung von Software. Immer komplexer werdende Programme benötigen ganz neue Planungstechniken, Arbeits- und Denkweisen, die zu diesem Zeitpunkt noch nicht vorhanden sind. Dies führt oft zu einer hohen Anzahl von Fehlern in den Programmen, Nichteinhaltung von Projektfristen und dramatischen Fehlkalkulationen bei den Entwicklungskosten. 1965 war es schließlich so weit, dass man von der sog. Softwarekrise zu sprechen begann und neue Methoden der Softwareentwicklung dringend erforderlich wurden. [DK05, S. 15-18]

Die Geburtsstunde des noch heute etablierten Begriffs *Software Engineering* war 1968 auf der ersten Software-Engineering-Konferenz in Garmisch-Parenkirchen. Um die Softwarekrise bald beenden zu können, wollte man Planungstechniken aus den Ingenieurswissenschaften für die Softwareentwicklung adaptieren. Die dabei entstandenen Techniken werden heute oft als die „klassischen Methoden der Softwareentwicklung" bezeichnet und brachten nur einen begrenzten Erfolg. Grund hierfür ist ein gravierender Unterschied zwischen Softwareentwicklung und Ingenieurswissenschaft: Beispielsweise beim Bau einer Brücke sind die meisten Faktoren wie Flussverlauf und Untergrund bereits vor Baubeginn ermittelbar und ändern sich nur sehr selten im Projektverlauf. Bei der Softwareentwicklung stellt sich der Sachverhalt ganz anders dar: Gerade in einem stark dynamischen Umfeld sind die einst erhobenen Anforderungen schnell überholt. [DH04]

Das Schlüsselwort lautet hier „Flexibilität" (oder auch oft als „Agilität" bezeichnet). Zu diesem Zwecke wurden in den vergangenen 15 Jahren viele sog. ‚Agile Softwareentwicklungsmethoden" entwickelt, die Risiken wie Terminverzögerung, geänderte Kundenanforderungen, zu hohe Fehlerrate und weiterentwickelte Geschäftsprozesse minimieren sollen. Eine der am schnellsten wachsenden agilen Methoden ist *Scrum*. Diese

Methodik zeichnet sich, laut einem seiner Mitbegründer Ken Schwaber [Sc07], vor allem durch seine Einfachheit in der Erlernung und Anwendung aus. Scrum gibt seinem Anwender einige wenige Verfahren und Werkzeuge (sog. Artefakte) an die Hand, mit denen sich selbst komplexe Projekte bewerkstelligen lassen. Aber Scrum ist nicht nur in der Theorie sehr vielversprechend. Wie die beiden Yahoo!-Produktmanager Deemer und Benefield [DB07] berichten, wenden viele Unternehmen, darunter Marktriesen wie Yahoo! selber, Microsoft, Google, Motorola, SAP oder Cisco, Scrum erfolgreich an und wollen auch zukünftig daran festhalten.

Das folgende Kapitel befasst sich ausführlicher mit der Klassifizierung von Softwareentwicklungsmethodiken. Dadurch wird vor allem deutlich, welchen Platz agile Vorgehensmodelle und speziell Scrum im Software-Management einnehmen.

Kapitel 3 beschreibt Scrum detailliert und bildet damit das Herzstück dieser Ausarbeitung. Neben der Beschreibung des Scrum-Prozesses wird dabei auf alle auftauchenden Rollen, Vorgänge und Meetings ausführlich eingegangen.

Das Ende dieser Ausarbeitung soll zeigen, wie weit verbreitet Scrum aktuell ist und wo weitere Potentiale dieser Methodik liegen.

# 2 Methoden der Softwareentwicklung

## 2.1 Klassifikation von Softwareentwicklungsmethoden

Um Scrum besser zu verstehen, werden im Folgenden die verschiedenen Klassen der Softwareentwicklungsmethoden vorgestellt. Laut Dornberger und Habegger [DH04] wird in einem ersten Schritt zwischen der „Softwareentwicklung ohne Methode" und der „Methodischen Softwareentwicklung" unterschieden.

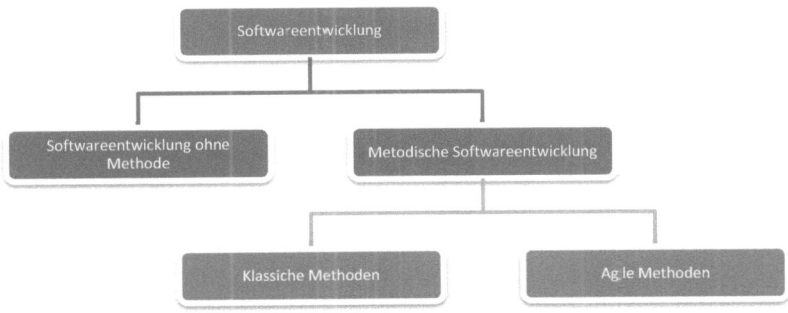

Abb. 1: Klassifikation der Softwareentwicklungsmethoden

Der linke Ast des Klassifikationsbaums in Abb. 1 wird auch oft als reines „Hacking" bezeichnet. Hierbei fängt ein Entwickler ohne vorherige Planung direkt mit der Implementierung an. Die Nachteile liegen auf der Hand: Zwar werden hierdurch Zeit und Kosten gespart, aber durch Personalwechsel im Entwicklerteam oder geänderte Anforderungen ist eine Weiterentwicklung oder Erweiterung oft nur schwer bis gar nicht möglich. Wenn überhaupt, eignet sich diese Methode bei kleinen Projekten mit einem oder wenigen Entwicklern.

Wie bereits in Kapitel 1 kurz erläutert, unterscheidet man in der methodischen Softwareentwicklung heute zwischen klassischen und agilen Methoden. Klassische Vertreter sind beispielsweise das Wasserfallmodell, das V-Modell und das objektorientierte Vorgehensmodell. Ziel von den Vertretern dieser Art ist es, die Entwicklung so gut wie möglich planbar zu machen, um möglichst gegen allen Eventualitäten gerüstet zu sein. Beim Vorgehen haben die klassischen Methodiken dabei alle eines gemeinsam: Die Entwicklung ist in eine Reihe von Phasen eingeteilt, die nacheinander durchlaufen werden bis das fertige Produkt erstellt ist. Daraus folgt in der Regel, dass Anforderungsanalyse und Fertigstellung zeitlich sehr weit voneinander entfernt sind und nachträgliche Anforderungsänderungen oft nur schwer zu handhaben sind [DH04, S. 4].

Demgegenüber zeichnen sich agile Methodiken vor allem durch Flexibilität im Projektablauf aus. So ist beispielsweise die Zusammenarbeit mit dem Kunden wichtiger als die Aushandlung eines Vertrages. Zugunsten der Flexibilität wird deshalb i. d. R. auf detaillierte Anforderungsanalysen zu Projektbeginn verzichtet. Scrum beispielsweise plant die Anforderungen an eine Software anfangs nur sehr grob und wenig detailliert. Erst im Laufe des Entstehungsprozesses werden diese genauer ausgearbeitet und bleiben so zu jedem Zeitpunkt leicht aktualisier- und veränderbar.

Um die Grundprinzipien agiler Entwicklung festzuhalten haben sich im Februar 2001 Vertreter vieler agiler Methoden, darunter auch mehrere der Scrum-Begründer, getroffen und das „Agile Manifest" [BB01] verfasst. In dieser Arbeit bewerten sie

- Individuen und Interaktionen       höher als       Prozesse und Werkzeuge,
- laufende Software       höher als       ausgedehnte Dokumentation,
- Zusammenarbeit mit dem Kunden       höher als       Vertragsverhandlungen und
- Reaktionen auf Veränderung       höher als       Planverfolgung.

## 2.2 Agile Methoden der Softwareentwicklung

Obwohl agile Methoden noch nicht lange existieren, gibt es heute bereits eine Vielzahl an veröffentlichten Methodiken, die sich als „agil" bezeichnen. Ob diese Bezeichnung immer korrekt ist lässt sich nur schwer beantworten, denn die Grenze zwischen klassischen und agilen Methoden ist stellenweise sehr verschwommen [BK08, S. 114]. Um sich in diesem Wust von Verfahren zurecht zu finden, haben sich Dogs und Klimmer [DK05] die Arbeit gemacht verschiedene Klassen für agile Softwareentwicklungsmethoden auszuarbeiten. Mit ihrer Hilfe wird am Ende dieses Abschnitts klarer, was sich hinter dem Begriff „Scrum" verbirgt und wo die Unterschiede zu anderen agilen Methoden liegen.

Grundsätzlich gliedern die beiden Autoren agile Methodiken in vier Klassen:

- **Prozessorientierte Methodiken:** In dieser Klasse finden sich Methoden, die sich sehr stark auf einen Prozess konzentrieren. Dabei setzen sie im Gegensatz zu werkzeugzentrierten Methodiken keinerlei Entwicklungspraktiken voraus.

- **Mitarbeiterzentrierte Methodiken:** Mitarbeiterzentrierte Methoden stellen den Menschen in den Mittelpunkt und sehen ihn als zentrales Element der Entwicklung.

- **Werkzeugorientierte Methodiken:** Diese Art von Methoden schreibt dem Anwender spezielle Werkzeuge, wie beispielsweise den Einsatz von UML vor.

- **Unvollständige Methodiken:** Unter unvollständigen Methoden werden alle Methodiken zusammengefasst, die nach den agilen Grundvorstellungen und Werten agieren, aber für sich alleine nicht ausreichen um funktionierende Software entwickeln zu können.

Scrum ordnen Dogs und Klimmer zusammen mit Methodiken wie Extreme Programming (XP) und Feature-Driven-Development (FDD) den prozessorientierten Methodiken zu. Aus dieser Einteilung wird bereits ersichtlich, dass bei Scrum ein Prozess (der „Scrum-Prozess") im Vordergrund steht.

Um einen Überblick über dieses zentrale Konstrukt zu bekommen, wird der Scrum-Prozess in Kapitel 3.1 einleitend grob beschrieben. Im weiteren Verlauf des folgenden Kapitels wird dann detailliert auf alle in ihm enthaltenen Meetings, Artefakte und Rollen eingegangen, um so eine genaue Vorstellung über die Ausgestaltung und Anwendung von Scrum zu bekommen.

7

# 3 Scrum als Methode der agilen Softwareentwicklung

*Jörg Dressler betritt den Konferenzraum. Seine Gedanken kreisen um die webbasierte E-Commerce-Plattform an deren Funktionsplanung er in den letzten Wochen gearbeitet hat. Sein Chef hat ihm versichert, dass die Leute, die er in dem Konferenzraum treffen wird, zu den Besten ihres Fachs innerhalb der Firma gehören.*

*„Guten Tag meine Damen und Herren." Jörg schaut in die Runde und sieht die fragenden Gesichter der vier Männer und zwei Frauen. Die Anwesenden kommen aus verschiedensten Fachbereichen: Softwareentwickler, Webdesigner, Tester, GUI-Entwickler und auch ein Marketing-Spezialist.*

*„Sie werden sich fragen, warum Sie hier sind. Die Antwort ist, dass wir genau Sie benötigen um unser neues Produkt Realität werden zu lassen! In den nächsten zehn Monaten werden Sie zusammen eine neue E-Commerce-Plattform entwickeln, die wir als Standardprodukt in unser Portfolio aufnehmen werden. Hierfür werden Sie von Ihrer laufenden Tätigkeit freigestellt und bekommen für die Zeit dieses Projekts neue gemeinsame Büroräume."*

*Jörg macht eine Pause und fährt fort: „Wir zählen auf Sie! Wir erwarten nach Abschluss des Projekts ein verkaufsfähiges Produkt, keine Studie und kein Prototyp. Hierfür haben Sie volle Handlungsfreiheit. Wir werden Sie so gut es geht unterstützen. Viel Glück!"*

Die dargestellte Szene (in Anlehnung an [Gl08, S. 9+10]) beschreibt die Ausgangslage eines Scrum-Projekts. Ein Team mit Mitgliedern aus verschiedenen Fachbereichen bekommt ein Projekt zugewiesen, dass in eigenverantwortlicher Arbeit durchgeführt werden soll. Dieses Beispiel wird im Laufe der Ausarbeitung immer wieder auftauchen und mit den neuen Erkenntnissen weiterentwickelt. Mit seiner Hilfe soll der theoretische Ablauf von Scrum praktisch veranschaulicht werden.

Aber was überhaupt ist Scrum? Das erste Mal taucht Scrum 1986 in der Veröffentlichung „The new new Product Development Game" von Nonaka und Takeuchi auf [TN86]. Sie führen auf, dass kleine, hochvernetzte und aus interdisziplinären Mitgliedern bestehende Teams oft die besten Resultate erzielen [BK08, S. 124+125]. Den Begriff „Scrum" leiten sie aus der sog. Scrum-Formation im Rugby ab, bei dem die Teams in einer Art „Gedränge" (deutsche Übersetzung für „Scrum") miteinander agieren. Aufbauend auf den Überlegungen der beiden japanischen Wissenschaftler entwickelte sich Scrum durch verschiedene weitere Veröffentlichungen zu einem Framework zur Entwicklung von Software [Pi08, S. 1] und später, wie Schwaber in einem seiner Bücher beschreibt [Sc08], auch zur Organisation von ganzen Unternehmensteilen.

## 3.1 Was passiert wann? Der Scrum-Prozess

Grundsätzlich besteht Scrum aus verschiedenen Regeln, Rollen, Meetings und Artefakten. Am Anfang des Scrum-Prozesses steht die *Vision* eines neuen Produktes, die der sog. ProductOwner (im Beispiel die Person Jörg Dressler) entwickelt.

Ggf. zusammen mit dem Scrum-Team erarbeitet der ProductOwner in der strategischen Planungsphase die Produktfunktionalitäten, die sich aus der Vision ergeben. Diese *Product Items* werden anhand ihres Nutzens (beispielsweise der erwartete finanzielle Gewinn) priorisiert und zusammen mit dem geschätzten Aufwand der Umsetzung im sog. *Product Backlog* festgehalten. Ähnlich einem Lastenheft stellt der Product Backlog so die Grundlage der geforderten Leistung dar.

Nach dieser initialen Planungsphase beginnt die eigentliche Umsetzung des Projekts, in dem sich das Team der Entwicklung des Produktes widmet. Die gesamte Projektdauer wird in gleichlange Zeiteinheiten, den sog. *Sprints*, eingeteilt. Jeder Sprint soll etwa zwei bis vier Wochen umfassen und innerhalb dieser Zeit wird das Ziel verfolgt einen ausgewählten Teil des Product Backlogs in auslieferungsfähige Software zu entwickeln. Im sog. *Sprint Planning Meeting* am Anfang eines jeden Sprints wählt das Team die höchst-priorisierten *Product Backlog Items* aus, von denen sie der Meinung sind, sie im kommenden Sprint entwickeln zu können. Wenn allen Beteiligten klar ist, was Inhalt des kommenden Zeitabschnitts ist, werden die ausgewählten Funktionalitäten im sog. *Selected Product Backlog* festgeschrieben und das Team versichert sein Bestes zu geben um die Anforderungen umzusetzen.

Im zweiten Teil des Sprint Planning Meetings diskutiert das Team untereinander die Aufgaben, die sich aus dem Selected Product Backlog ergeben und entwickelt einen Umsetzungsplan, den sog. *Sprint Backlog*, der konkrete Lösungsansätze und Detailaufgaben beinhaltet.

Nun beginnt für das Team die Umsetzung des Sprint Backlogs. Für diese Phase gibt es nur wenig festgelegte Regeln. Hier zeigt sich eine wichtige Grundidee von Scrum: Dem

Team sollen keinerlei Strukturen von außen diktiert werden. Die Mitglieder müssen sich untereinander abstimmen und selbst organisieren. Lediglich ein kurzes, tägliches Meeting der Teammitglieder ist vorgeschrieben. In diesem sog. *Daily Scrum* besprechen die Mitglieder untereinander was sie seit dem letzten Meeting gemacht haben, was sie bis zum nächsten Treffen angehen und wobei Probleme auftauchen.

Am Ende eines Sprints wird im sog. *Sprint Review Meeting* das soweit fertiggestellte Produkt vom Team präsentiert und so ein Eindruck vermittelt wie weit man im Projekt fortgeschritten ist. Direkt im Anschluss führt das Team eine sog. *Retrospective* durch. Hierbei werden die jeweiligen Vorgehensweisen der Teammitglieder und Probleme im vorangegangenen Sprint diskutiert, um diese in folgenden Sprints effizienter und angenehmer zu gestalten.

Die folgende Abbildung fasst den gesamten Scrum-Prozess noch einmal zusammen:

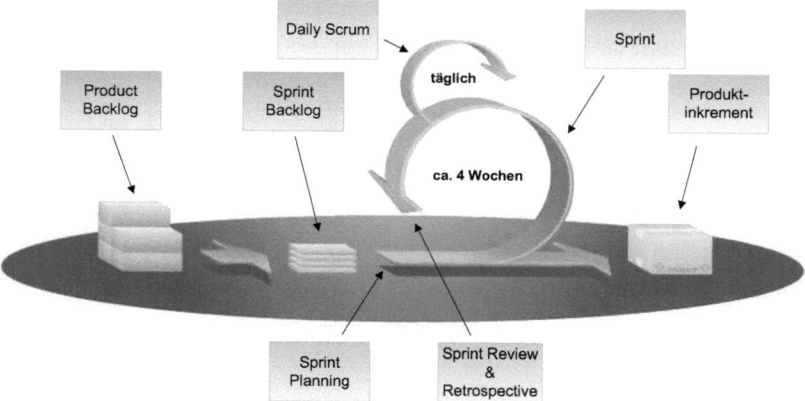

Abb. 2: Der Scrum-Prozess

Im weiteren Verlauf dieses Kapitels werden zunächst die verschiedenen Rollen wie ProductOwner und Team näher beschrieben (Abschnitt 3.2), um somit eine genaue Vorstellung über deren Ausgestaltung und Stellung im Scrum-Prozess zu gewinnen. In Anlehnung am chronologischen Ablauf des Scrum-Prozesses wird dann in Unterkapitel 3.3 auf die strategische Planungsphase und auf die in ihr enthaltenen Meetings und Artefakte eingegangen. Den genauen Ablauf der Implementierungsphase beschreibt dann schließlich Unterkapitel 3.4.

## 3.2 Ohne sie geht nichts – Die Rollen bei Scrum

Grundsätzlich sind im Scrum-Prozess vor allem drei verschiedene Rollen involviert: Der ProductOwner, das Team und der Scrum Master. Damit ein Projekt erfolgreich verlaufen kann, müssen laut Pichler [Pi08, S. 9] diese Rollen adäquat besetzt sein und eng zusammenarbeiten. Pichlers Aussage wird auch dadurch bestärkt, dass Scrum als agiles Framework, wie in Kapitel 2.2 kennengelernt, die Werte des Agilen Manifests verkörpert [Su07b], in dem Individuen und Interaktionen wichtiger als Prozesse und Werkzeuge gelten.

Es gibt eine Reihe weiterer Rollen, die nicht direkt Einfluss auf den Scrum-Prozess haben und deshalb hier keine weitere Beachtung finden. Zu dieser Gruppe gehören vor allem die sog. *Stakeholder*, worunter Personen wie beispielsweise Kunden und Geldgeber zusammengefasst sind, die ein begründetes Interesse am Projekt haben, allerdings im Scrum-Prozess eher eine untergeordnete Rolle einnehmen.

### 3.2.1 ProductOwner

Wie bereits beschrieben, besetzt im eingangs erwähnten Beispiel Jörg Dressler die Rolle des ProductOwners. In der Szene wurde direkt einer seiner Aufgabenschwerpunkte ersichtlich: Die enge Zusammenarbeit mit dem Team. Hierzu gehört es, das Team in ein Projekt einzuführen, es zu motivieren und ihm über die gesamte Projektdauer zur Seite zu stehen. Hierfür muss er regelmäßig Zeit mit dem Team verbringen (z. B. im Anschluss am Daily Scrum), um so aufkommende Fragen schnell zu klären und Arbeitsergebnisse zeitnah zu kontrollieren. Ferner trägt er darüber Sorge, dass das Team die gestellten Anforderungen und Kundenbedürfnisse korrekt versteht und umsetzt.

Genau diese Anforderungen bilden einen zweiten Kernbereich seiner Aufgaben. Abschnitt 3.1 hat gezeigt, dass am Anfang des Scrum-Prozesses die Vision steht. Als „Besitzer des Produkts" liegt es deshalb am ProductOwner diese Produkt-Idee zusammen mit den Kundenbedürfnissen in Form eines Produkt-Konzepts zu konkretisieren, um hieraus später, ggf. unter Zuhilfenahme des Teams, den Product Backlog abzuleiten. Im Anschluss daran müssen die einzelnen Product Backlog Items ihrer Bedeutung nach vom ProductOwner priorisiert werden [Gl08, S. 93+94], um so den möglichen Inhalt des nächsten Sprints festlegen zu können. Die Arbeit am Product Backlog ist jedoch nicht mit seiner Erstellung beendet. Vielmehr muss der ProductOwner erledigte oder sinnlos gewordene Anforderungen aus dem Product Backlog entfernen, neue Ideen oder

Verfeinerungen vorhandener Aufgaben hinzufügen und die Priorisierungen aktualisieren.

In vielen Unternehmen wird der ProductOwner auch *Single Wringable Neck* genannt [Pi08, S. 11]. Diese sehr schroffe Bezeichnung macht sinnbildlich deutlich, dass er allein für den Erfolg eines Projekts vor den Stakeholdern verantwortlich ist. Genau hier liegt der letzte Kernbereich seiner Aufgaben: Das sog. *Stakeholder-Management*. Damit ist gemeint, dass er die verschiedenen Interessengruppen (z. B. Kunde, Marketing, Vertrieb, Service, IT) in den Entstehungsprozess einbindet und regelmäßig ihre Bedürfnisse und ihr Feedback erfasst [Pi08, S. 11+12]. Ebenfalls gehört es zu seinen Aufgaben das Team möglichst gut vor den Stakeholdern abzuschirmen, damit diese so wenig Druck von außen wie möglich bekommen.

Durch diese vielfältigen Aufgaben ist die Rolle des ProductOwners laut Pichler [Pi08, S. 10], anders als vielleicht erwartet, meist eine Vollzeitaufgabe, die häufig von Produktmanagern oder Marketingmitarbeitern besetzt wird.

### 3.2.2 Team

Im Gegensatz zum ProductOwner sind die Aufgaben des Scrum-Teams schnell umrissen: Sämtliche Arbeiten, die zur Umsetzung der Projekt-Anforderungen notwendig sind.

Hierfür reicht es i. d. R. nicht aus, dass ein Team nur aus Entwicklern besteht. Um wirklich alle anfallenden Aufgaben in einem Projekt ohne externe Hilfe bewältigen zu können, bedarf es nach Sutherland [Su07b] meist Mitglieder aus verschiedensten Fachgebieten (sog. *cross-skilling*). Zur Entwicklung der im Beispiel beschriebenen E-Commerce-Plattform benötigt man beispielsweise Programmierer, Webdesigner, Datenbankspezialisten, Tester und GUI-Entwickler. Trotzdem sollte man darauf achten, dass die Teams nicht zu groß werden. In der Literatur findet man häufig den Bereich zwischen fünf und neun Vollzeit-Teammitgliedern als optimalen Umfang genannt [Su07c, S. 15]. Sind mehr Mitglieder einem Team zugeteilt steigen meist die Kommunikationskosten rapide an, während der Effizienzgrad fällt. Auch sollten die Teammitglieder nicht willkürlich ausgewählt werden. Da es das Ziel ist, dass ein Team über die komplette Projektdauer in derselben Formation gut zusammenarbeitet, ist es neben der korrekten fachlichen Einteilung ebenso wichtig, dass die Personen gut zueinander passen. Poppendieck [PP07] berichtet beispielsweise, dass Google seine Mitarbeiter ermutigt sich für interessante Projekte zu bewerben. Somit werden nicht mehr einfach die

Mitarbeiter zu Projekten zugeteilt, sondern nehmen selber Einfluss darauf, wo und mit wem sie arbeiten wollen.

Das Scrum-Team organisiert sich selbst: Die Mitglieder eines Teams entscheiden selber, welche Aufgaben für die Erreichung eines Sprint-Ziels notwendig sind und wie diese angegangen werden. Instrumente wie Sprint Backlog und Daily Scrum helfen bei der Selbstorganisation und machen daher Abteilungsleiter und Manager zur Teamorganisation überflüssig. Dadurch arbeiten Scrum-Teammitglieder wesentlich enger und produktiver zusammen als Mitarbeiter traditioneller Softwareentwicklung [Pi08, S. 15+16].

### 3.2.3 ScrumMaster

Eine sehr wichtige Rolle wurde im Verlauf dieser Arbeit bisher weitestgehend vernachlässigt: Der sog. *ScrumMaster*. Er agiert im Scrum-Prozess als eine Art Coach und *Change Agent* [Pi08, S. 19+20].

Von seinem Namensgeber Ken Schwaber [DB07] wurde er absichtlich nicht Projektmanager getauft, denn zu groß sind die Unterschiede bei den Verantwortlichkeiten. Anders als bei einem Projektmanager, i. S. v. konventionellen Managementansätzen, gehört es nicht zu den Aufgaben eines ScrumMasters sich um Zeit-, Kosten- und Personalmanagement zu kümmern. Diese Aufgaben übernimmt bei Scrum der ProductOwner mit teilweiser Unterstützung des Teams. Vielmehr ist der ScrumMaster dafür verantwortlich, dass das Team erfolgreich zusammenarbeitet und Scrum innerhalb des Projektes richtig angewendet wird. Hierfür arbeitet er größtenteils mit dem Team zusammen und hilft nach Gloger [Gl08]

- bei der Optimierung der Entwicklungsprozesse,
- bei der Kommunikation und Abstimmung innerhalb des Teams,
- bei dem Schutz der Teammitglieder vor externen Einflüssen (z. B. vor dem Abziehen einzelner Entwickler durch das Management um „wichtige" Aufgaben im Unternehmen wahrzunehmen),
- bei der Anwendung des Scrum-Prozesses selbst,
- bei der Zusammenarbeit zwischen Team, ProductOwner und Management
- und nicht zuletzt bei der Lösung persönlicher Konflikte.

Ein wichtiger Grundgedanke bei der Erfüllung dieser Aufgaben heißt: „Dienen statt Führen". Damit ist gemeint, dass der ScrumMaster keine Personal- und Führungsautorität besitzt um beispielsweise Teammitglieder auszutauschen, diese vor dem Management zu bewerten oder Aufgaben innerhalb des Teams zu verteilen. Diese Kompetenzen würden seiner Position vor allem schaden, da so kaum ein gutes Vertrauensverhältnis zwischen ihm und dem Team möglich wäre.

Ein wichtiges Werkzeug für einen ScrumMaster ist der sog. *Impediment Backlog*. Hinter diesem Begriff verbirgt sich eine einfach Liste, in der der ScrumMaster alle Behinderungen notiert, die einer effektiven Arbeit von Team oder Organisation im Wege stehen und diese anschließend ihrer Dringlichkeit nach sortiert. Ein konkretes Beispiel für ein solches Impediment wäre, wenn dem Team die Priorisierung der einzelnen Selected Product Items nicht klar ist. Die einzelnen Einträge müssen dann zusammen mit den Betroffenen diskutiert und schließlich gelöst werden.

Im Gegensatz zu den bisher vorgestellten Rollen durchlebt der ScrumMaster in der Ausübung seiner Aufgaben während des Projekts einen drastischen Wandel. Wenn Scrum pilotiert in Unternehmen eingesetzt wird, erfordert die Ausübung dieser Rolle eine Vollzeitstelle. Im Laufe des Projekts und bei jedem weiteren Einsatz von Scrum sind die Scrum-Denkweisen immer gefestigter und der ScrumMaster kann zusätzlich mit dem Team an der Erfüllung der nächsten Sprint-Ziele arbeiten. Aber egal wie lange das Management, der ProductOwner und die Teammitglieder auch mit Scrum arbeiten, wegfallen sollte die Rolle des ScrumMasters nie! Es kann immer wieder unvorhergesehene Situationen geben bei denen die Unterstützung des ScrumMasters erforderlich ist.

### 3.3 Wie alles beginnt – Die Strategische Planungsphase

Bevor die eigentliche Implementierungsarbeit beginnt, bedarf ein Scrum-Projekt einiger strategischer Planung. Hierzu zählt vor allem die Anforderungsanalyse. Anders als beim klassischen Requirement Engineering fällt diese Phase aber wesentlich schlanker aus, da die Anforderungen lediglich grob zusammengetragen und in Form des Product Backlogs verschriftlicht werden. Doch bevor diese Liste erstellt werden kann, muss die Vision gefunden und konkretisiert werden.

### 3.3.1 Alles beginnt mit der Vision

Wie schon kennengelernt ist der Startpunkt eines jeden Scrum-Projekts die Vision. Erst durch diese eine mitreißende Idee wird der Selbstorganisation des Scrum-Teams Leben eingehaucht, denn nur mit ihr hat das Team ein Ziel, auf das es hinarbeiten kann.

Aber was genau ist eine solche Vision? Eine Antwort auf diese Frage lieferte Jeff Sutherland, einer der Mitbegründer von Scrum, bei seinem Vortrag auf der *Scrum Gathering 2008* in Stockholm. Sutherland sieht sich selbst als ProductOwner bei der Einführung von Scrum und braucht als solcher eine Zukunftsvision, mit der er seine Kunden und Entwickler für Scrum begeistern kann. Er stellt sich in seinem Vortrag die Frage, wie man ein Team für Scrum begeistern kann, das im Rahmen eines Projekts, basierend auf einem wasserfallartigen Produktplan, innerhalb von 17 Monaten ein fertiges Zielprodukt präsentieren soll? Seine einfache Antwort: „Schult die Firma, das Team, bringt ihnen die Ideen von Scrum und agiler Entwicklung nahe und die erste Lieferung wird innerhalb von 2 Monaten fertig sein, mit allerhöchster Qualität. Genau das ist die Vision von Scrum." [Bu08]

Wie aus dem Vortag von Sutherland klar wird, ist das Finden, Weitertragen und Verbreiten der Vision Sache des ProductOwners. Dabei besteht die Vision nicht aus Details zur technischen Umsetzung, sondern vielmehr aus der Idee von etwas, oder genauer noch von einem Produkt, von dem alle Beteiligten begeistert sind. Zudem muss aus der Vision klar werden, welchen Nutzenzugewinn die eigene Firma, potentielle Investoren oder der auftragsgebende Kunde haben.

Aber wie entsteht eine solche Vision? Die Beantwortung dieser Frage hängt ganz von der Art des Projektes ab. Bei der Auftragsentwicklung für einen Kunden beispielsweise existieren schon im Vorhinein einige Vorstellungen seitens des Auftraggebers. Hier ist es Aufgabe des ProductOwners zusammen mit dem Kunden in Workshops aus diesen Ideen eine Vision zu erarbeiten. Bei Entwicklung von hausinterner Software oder von Standardprodukten bekommt der ProductOwner erste Denkanstöße, oft vom Management, oder aber entwickelt und konkretisiert die Vision in Eigenarbeit. Auch die Weiterentwicklung von bestehenden Produkten beginnt mit einer Vision: In diesem Fall besteht der Kern der Vision nach Gloger [Gl08, S. 143f] oft aus dem Nutzen, der durch die verbesserte Version entsteht.

## 3.3.2 Planungsebenen in Scrum

Generell lässt sich die Planung eines Scrum-Projektes in drei Ebenen aufteilen: Der strategischen Releaseplanung, der taktischen Sprint-Planung und der operativen Planung des Arbeitstages.

### Die strategische Releaseplanung

Scrum ist ebenso für kurze, nur wenige Wochen andauernde Projekte, wie auch für lange Projekte, die über mehrere Jahre fortwähren, geeignet. Im Fall längerer Projekte ist es erforderlich die verschiedenen Softwareversionen in Releases einzuteilen und im Vorhinein strategisch zu planen. Die Entscheidung, wie viel Funktionalität in eine Version aufgenommen wird und wie lange somit die Entwicklungszeit bis zur Auslieferung andauert, obliegt dem ProductOwner. Als Werkzeug für die Einteilung in Releases steht ihm der sog. *Releaseplan* zur Verfügung, der nach Gloger [Gl08, S. 129+130] im Wesentlichen die Anzahl der benötigten Sprints pro Release, die Kapazität des Teams (auch *Velocity* genannt) und, soweit möglich, die Umsetzungsreihenfolge der Anforderungen aus dem Product Backlog beinhaltet. Oft empfiehlt es sich nur wenig Funktionalität in einem Release zu verankern, da so einerseits große *Big-Bang-Releases* und lange Entwicklungszeiten vermieden werden und andererseits schnell ersichtlich wird, ob ein Produkt gute Erfolgschancen im Markt hat oder zu einem Flop verkommt [Pi08, S. 32+33]. Diese Taktik wird als sog. *inkrementelle Innovation* bezeichnet und wird angewendet, indem für jede Softwareversion die kleinste Menge an vermarktbarer Funktionalität identifiziert und umgesetzt wird. Denne [DC04] beschreibt beispielsweise, dass Google regelmäßig Produkte inkrementell einführt: Hierbei werden Produkte als Beta-Version mit einem minimalen Funktionsumfang veröffentlicht, um so je nach Kunden-Feedback das Produkt rasch weiter zu entwickeln oder wieder vom Markt zu nehmen.

### Die taktische Sprint-Planung

Innerhalb der taktischen Planungsebene werden die Ziele und Anforderungen für einen Sprint geplant und im Sprint Backlog dokumentiert. Dieses Dokument und die damit verbundene Konzeption wird im Abschnitt 3.4.1 ausführlich beschrieben. Auch wenn sich Release- und Sprint-Planung in ihrem Umfang und Ziel unterschieden, beliefern sie sich jedoch gegenseitig mit wichtigen Informationen. Einerseits liefert ein Sprint Informationen über die tatsächliche Entwicklungszeit und hilft somit der Aktualisierung des

Releaseplans. Andererseits hilft der Releaseplan dem ProductOwner bei der Auswahl der im nächsten Sprint umzusetzenden Anforderungen.

**Die operative Arbeitstagplanung**

Die operative Planung unterstützt das Team dabei, den aktuellen Arbeitstag gut zu strukturieren. Wichtigste Hilfsmittel hierfür sind das tägliche Meeting „Daily Scrum" und der sog. *Sprint Burndown Chart*. Genauere Erläuterungen hierzu werden in Abschnitt 3.4.2 innerhalb der Sprintumsetzung erläutert.

### 3.3.3  Product Backlog

Der Product Backlog verfolgt in seinem Vorgehen eine sehr ähnliche Strategie wie die inkrementelle Entwicklung: Anders als beim konventionellen Softwaremanagement werden die Anforderungen nicht schon vor Implementierungsbeginn bis ins Detail geplant, sondern entstehen nach und nach im Projektverlauf und sind so erst bei Projektabschluss vollständig erfasst. Deshalb werden beim Start des Projekts alle funktionalen und nicht funktionalen Anforderungen an das Produkt lediglich grob erfasst [Pi08, S. 28]. Nur die Aufgaben, die im jeweils nächsten Sprint anstehen, werden detailliert im Product Backlog aufgenommen. Das bedeutet jedoch nicht, dass jede Einzelheit erfasst wird. Obwohl die einzelnen Anforderungen in ihrem Umfang stark variieren können, empfiehlt Sutherland [Su07c] einen durchschnittlichen Zeitraum von etwa zehn Mann-Tagen zur Realisierung eines detaillierten Product Backlog Items. Hiervon stark abweichende Aufgaben sollten nach Möglichkeit zusammengefasst bzw. aufgespalten werden. Indem neue oder detaillierte Anforderungen hinzugefügt, vorhandene Anforderungen aktualisiert oder obsolet gewordene Anforderungen entfernt werden, wird der Product Backlog permanent verändert. Dieser Aktualisierungsprozess gehört in den Zuständigkeitsbereich des ProductOwners, was aber nicht ausschließt, dass er sich bei komplexeren Planungsphasen der Hilfe des Teams bedient.

Bei der Formulierung einer Anforderung ist es wichtig, dass keine impliziten Annahmen getroffen werden, die das Team in der Umsetzung einschränken. Beispielsweise wäre die Anforderung „Zum Administrieren der E-Commerce-Plattform muss man sich mit Benutzernamen und Passwort einloggen" ungeeignet, da dies einen Login vorraussetzten würde. Besser wäre es einfach zu beschreiben, dass man für die Systemadministration berechtigt sein muss.

Aber neben dem Inhalt einer solchen Anforderung werden auch weitere Eigenschaften zusammen in einem Product Backlog Item erfasst. Zu diesen Attributen gehören einerseits eine Priorisierung nach Nutzen, Risiko und / oder Kosten, anhand derer später die Auswahl der Product Backlog Items für den Sprint getroffen wird. Andererseits versucht man auch den Aufwand einer Anforderung, beispielsweise in Mann-Tagen, abzuschätzen. So erhalten Team und ProductOwner eine Vorstellung davon, wie viele Aufgaben im kommenden Sprint zeitlich abgearbeitet werden können.

Praktisch betrachtet kann der Product Backlog als einfache Liste verstanden werden, in der die verschiedenen Product Backlog Items verschriftlicht werden. Die folgende Tabelle zeigt einen beispielhaften, priorisierten Product Backlog für die Entwicklung der E-Commerce-Plattform:

| ID | Beschreibung | Aufwand (in Mann-Tagen) |
|---|---|---|
| **Hoch priorisierte Anforderungen** | | |
| 1 | Entwicklung einer Backend-GUI | 20 |
| 2 | Administration der Kategorie-Stammdaten | 7 |
| 3 | Administration der Produkt-Stammdaten | 9 |
| 6 | Frontend-Webseite | 25 |
| 7 | Kategorie-Übersicht | 7 |
| 8 | Produkt-Übersicht | 7 |
| **Mittel priorisierte Anforderungen** | | |
| 4 | Hochladen und Verändern von Produkt-Fotos | 5 |
| 5 | Anbindung ans Warenwirtschaftssystem zur Preisaktualisierung | 11 |
| 9 | Produkt-Detailansicht (inkl. Produktfotos) | 10 |
| **Niedrig priorisierte Anforderungen** | | |
| 10 | Warenkorb im Frontend | 20 |
| 11 | Bestellabschluss im Frontend | 30 |
| 12 | Bestellübersicht im Backend | 40 |

Tab. 3-1: Ausschnitt eines beispielhaften Product Backlogs

## 3.4 Die Implementierung beginnt – Der Projektablauf

Nachdem in der strategischen Planungsphase der Product Backlog initial erstellt wurde und somit ein grober Ablaufplan besteht, beginnt nun die Implementierungsphase. Innerhalb dieses Abschnitts werden alle Aktivitäten ausgeführt, die zur Umsetzung der

Anforderungen erforderlich sind. Die Gesamtdauer dieser Phase wird in mehrere gleich-lange Abschnitte, den Sprints, eingeteilt. Jeder dieser Sprints ist eine Art einmonatiges, abgeschlossenes Mini-Projekt, in dem ausgewählte Anforderungen abgearbeitet werden und an dessen Ende ein verkaufsfähiges Produktinkrement, eine sog *Useable Software*, vom Team abzuliefern ist.

Die beschriebene Dauer eines Sprints von beispielsweise 30 Tagen ist fix. An dieser Stelle greift Scrum das Prinzip von Timeboxing auf, dass auch bei anderen agilen Me-thoden (z. B. Extreme Programming) Anwendung findet. Bleek und Wolf [BW08, S. 48+49] erläutern, dass hierbei nicht so lange implementiert wird, bis eine festgelegte Funktionalität erreicht ist, sondern der Priorität nach die Anforderungen umgesetzt wer-den bis das Ende der Timebox erreicht ist. Dieser straffe Zeitplan fördert den Blick auf das Wesentliche, verhindert Trödeleien und schafft somit mehr Effizienz bei der Im-plementierung.

### 3.4.1 Die Taktische Planungsphase

Bevor das Team jedoch die Implementierungsarbeit aufnimmt treffen sich ProductOw-ner, ScrumMaster und Team zum Sprint Planning Meeting um einige Vorbereitungen und Entscheidungen für den nächsten Sprint zu treffen.

Dieser Workshop liegt im Verantwortungsbereich des ProductOwners und bedarf eini-ger wichtiger Planungen im Voraus. Hierzu gehört neben der Organisation von Termin und Räumlichkeit vor allem die Identifizierung des sog. *Sprint Goals*, also dem Ziel des kommenden Arbeitsabschnitts. Dieses Ziel sollte so gewählt werden, dass es allen Be-teiligten ein klares Verständnis über den Inhalt des kommenden Sprints gibt und sich mit dem Gesamtziel des Projekts vereinbaren lässt. Für die E-Commerce-Plattform wäre ein mögliches Sprint Goal beispielsweise „die Entwicklung der Backend-GUI". Bei der Auswahl des Ziels hilft dem ProductOwner oft ein Blick in den Releaseplan, da er eine gute Übersicht über das gesamte Projekt gibt.

Nachdem das Sprint Goal ausformuliert ist, muss der ProductOwner die zur Erreichung des Ziels passenden Anforderungen für den nächsten Sprint aus dem Product Backlog auswählen und weiter detaillieren. Hierzu zählen in der Regel die Anforderungen mit höchster Priorität. Wie viel wirklich vom Team innerhalb des nächsten Sprints bearbei-tet werden kann, wird gemeinsam im Sprint Planning Meeting entschieden. Deshalb empfiehlt Pichler [Pi08] einem ProductOwner erst einmal ein wenig mehr Anforderungen vorzubereiten, um dem Team so bei der Auswahl einen geeigneten Spielraum zu geben.

Das Sprint Planning Meeting ist aus mehreren Gründen sehr wichtig: Primär soll das Team ein Verständnis über die anstehenden Aufgaben bekommen. Hierzu stellt der ProductOwner das Sprint Goal und die vorbereiteten Anforderungen vor und gibt dem Team anschließend die Möglichkeit Unklarheiten in einer Diskussion auszuräumen.

Ein weiteres wichtiges Ziel dieses Workshops ist die Auswahl der Anforderungen, die das Team im kommenden Sprint bearbeitet. Hierfür berät das Team über die vom ProductOwner vorgestellten Anforderungen, versucht einerseits deren Aufwände und andererseits die eigenen Teamkapazitäten im kommenden Sprint abzuschätzen. Eine solche Aufwandsschätzung ist i. d. R. relativ schwierig und kann beispielsweise mittels einer von Pichler [Pi08, S. 98+99] vorgestellten Ablaufsimulation des kommenden Sprints angegangen werden. Zu diesem Zweck berät das Team über die Abarbeitungsreihenfolge der Anforderungen, welche Mitglieder welche Aufgabe übernehmen können und ob Anforderungen parallel oder hintereinander abgearbeitet werden müssen. Hiernach hat das Team i. d. R. genug Informationen um in einem zweiten Schritt die Anforderungen auszuwählen, die es realistisch im kommenden Sprint umsetzen kann. Besteht über die Auswahl Einigkeit, so werden die selektierten Anforderungen in einer Liste, dem Selected Product Backlog, verschriftlicht.

Das dritte Ziel des Meetings besteht aus dem sog. *Commitment* oder zu Deutsch aus der Verpflichtung. Hiermit ist eine Verbindlichkeitserklärung seitens des Teams gemeint, in der die Mitglieder versichern ihr ganzes Engagement der Erfüllung des Sprint Goals und der damit verbundenen Anforderungen aus dem Selected Product Backlog einzusetzen. Diese mündliche Erklärung verfolgt keinerlei juristischen Ziele, sondern soll das Team vielmehr zusätzlich motivieren, innerhalb der gegebenen Sprint-Timebox möglichst alle Anforderungen umzusetzen.

Der letzte wichtige Inhaltspunkt des Sprint Planning Meetings ist die Erarbeitung des Sprint Backlogs. Ähnlich dem Product Backlog ist auch dieses Dokument eine lebendige Liste, die im Laufe eines Sprints öfter überarbeitet wird. Bestandteil des Sprint Backlogs sind alle Aktivitäten, die zur Umsetzung der Anforderungen aus dem Selected Product Backlog erforderlich sind. Bei der Ermittlung dieser Aktivitäten ist es oft erforderlich, dass sich die Workshop-Teilnehmer erste Gedanken über Design, Konventionen und Architektur des Produkts machen.

| Backlog Item | Aktivität | Verantwortlicher | Rest-Aufwand (in Stunden) |
|---|---|---|---|
| Entwicklung einer Backend-GUI | Design der Grobstruktur | Marc | 35 |
| | Umsetzung der Grobstruktur | Stefan | 28 |
| | Entwicklung eines TreeView-Elements | Alexander | 20 |
| | Entwicklung eines TabBar-Elements | Paul | 17 |
| | Konzept der Eingaben-Validierung | Günter | 15 |
| Administration der Kategorie-Stammdaten | Design des Änderungsformulars | Marc, Stefan | 14 |
| | Kategorienübersicht mit Suchfunktion | Paul | 12 |
| | Formular zur Stammdatenänderung | Günter | 8 |
| | Hinzufügen von Produkten zu Kategorien | Alexander | 4 |

Tab. 3-2: Ausschnitt eines beispielhaften Sprint Backlogs

Output dieser Phase ist, wie Tab. 3-2 beispielhaft zeigt, eine Auflistung von Anforderungen aus dem Selected Product Backlog, von hierfür benötigten Aktivitäten, von zugehörigen Aufwandsschätzungen in Personenstunden und von vorläufigen Aufgabenverteilungen.

## 3.4.2 Umsetzung des Sprints

Nachdem der Sprint soweit geplant ist, beginnt die eigentliche Implementierung. Für diese Phase werden von Scrum nur wenig Regeln vorgeschrieben, um so die Selbstorganisation des Teams nicht einzuschränken. Ferner legt Scrum keinerlei Entwicklungspraktiken fest. Im Gegenteil: Methoden wie Extreme Programming lassen sich laut Sutherland [Su07c] problemlos in Scrum-Projekten anwenden und werden teilweise sogar empfohlen.

Lediglich ein Meeting, der Daily Scrum, soll regelmäßig abgehalten werden, um die Kommunikation innerhalb des Teams zu fördern. Dieses auf 15 Minuten beschränkte Treffen soll mit der Unterstützung des ScrumMasters täglich zur gleichen Zeit und am gleichen Ort abgehalten werden. Während des Meetings beantworten die einzelnen Teammitglieder kurz und knapp vor den anderen die folgenden drei Fragen:

- Was habe ich seit dem letzten Daily Scrum gemacht?
- Was werde ich bis zum nächsten Daily Scrum machen?
- Was hat mich hierbei behindert?

Durch die Beantwortung der ersten beiden Fragen bekommt jeder einen Eindruck, wer an was arbeitet und an welcher Stelle im Sprint das Team steht.

Die dritte Frage ist besonders wichtig, denn das Team soll über beste Voraussetzungen zum effektiven Arbeiten verfügen. Fehlt es beispielsweise an passender Hardware oder werden Teammitglieder für „wichtigere" Aufgaben vom Management zeitweise vom Projekt abgezogen, so notiert sich der ScrumMaster diese Probleme in einer Liste (dem Impediment Backlog). Diese arbeitet er außerhalb des Daily Scrums chronologisch ab und versucht so die Hindernisse aus dem Weg zu räumen.

Neben der Implementierung gehört es auch zu den Aufgaben eines jeden Teammitglieds am Ende eines Arbeitstages erledigte Aufgaben im Sprint Backlog abzuhaken bzw. den Restaufwand zu aktualisieren. Hierin liegt auch ein zusätzlicher Nutzen des Sprint Backlogs: Mit seiner Hilfe werden Arbeitsfortschritte und -organisation für alle Beteiligten transparent und übersichtlich. Desweiteren wird zur besseren Visualisierung der Arbeitsfortschritte ein weiteres Werkzeug eingesetzt: Der sog. *Burndown Chart*. Dieses zweidimensionale Liniendiagramm setzt die (IST-)Restarbeitszeit zum aktuellen Zeitpunkt im Sprint ins Verhältnis. Zusammen mit der SOLL-Restaufwandskurve erhält so jeder Beteiligte eine Vorstellung davon, ob es zu zeitlichen Engpässen kommen kann.

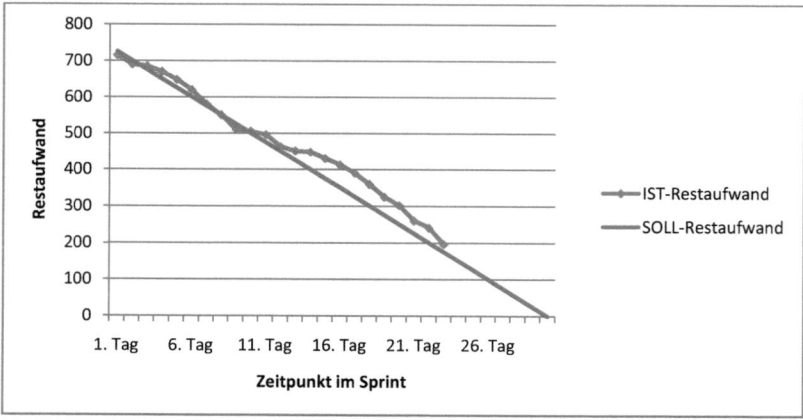

Abb. 3: Beispiel eines Burndown Charts am 24. Tag eines Sprints

Abb. 3 zeigt einen beispielhaften Verlauf eines Burndown Charts am 24. Tag eines Sprints. Liegt, wie in der Abbildung zwischen dem 10. und 24. Tag zu sehen ist, die IST-Aufwandskurve über den dazugehörigen Soll-Werten, so ist das Sprint-Ziel in Gefahr und das Team muss ggf. durch geeignete Maßnahmen, wie der Erhöhung der Arbeitszeit, diesem Trend entgegensteuern.

Der Einsatz des Burndown Charts beschränkt sich aber nicht nur auf die Grenzen eines Sprints. Mit seiner Hilfe kann ebenfalls die Zeitplanung des gesamten Projekts überwacht werden. Hierfür werden auf der X-Achse statt der Tage einfach die einzelnen Sprints abgetragen.

### 3.4.3  Nachbereitung des Sprints

Am Ende eines jeden Sprints werden noch zwei Meetings abgehalten: Das Sprint Review Meeting, in dem die Ergebnisse des Sprints besprochen werden und das Retrospective Meeting, in dem die Zusammenarbeit im Team diskutiert wird. Beide Treffen sollten auf den letzten Tag des Sprints terminiert werden und können direkt hintereinander abgehalten werden.

**Sprint Review Meeting**

Ziel des Sprint Review Meetings ist die Abnahme der Arbeitsfortschritte durch den ProductOwner. Hierzu lädt der ScrumMaster als Moderator des Meetings das Team, den ProductOwner und ggf. weitere Stakeholder, wie Vertreter des Kunden oder des Managements, ein. Das Treffen hat je nach Sprintlänge eine Timebox von etwa zwei bis vier Stunden und kann in einem Besprechungsraum oder aber im Arbeitsraum des Teams abgehalten werden.

Abb. 4: Ablauf des Sprint Review Meetings

Der Ablauf des Meetings ist, wie aus Abb. 4 zu entnehmen ist, relativ einfach und Bedarf neben der Organisation von Raum und Zeitpunkt kaum Vorbereitung. In einem ersten Schritt empfiehlt Pichler [Pi08] das Sprint Goal und die damit zusammenhängenden Anforderungen des Selected Product Backlogs kurz zu reflektieren, damit alle Beteiligten eine genaue Vorstellung über den Inhalt des letzten Sprints haben.

Danach präsentieren die Teammitglieder die Umsetzung der einzelnen Anforderungen in einer Live-Demonstration. An dieser Stelle sollen ausdrücklich keine Powerpoint-Folien oder ähnliche Präsentationswerkzeuge zum Einsatz kommen, sondern nur die Funktionalität des letzten offiziellen Builds vorgeführt werden [DB07]. Hier drin liegt auch ein Grundsatz des Review Meetings: Auch wenn Kunden oder Vertreter aus dem Management anwesend sind, soll keine aufwendige und spektakuläre Inszenierung geboten werden. Lediglich die neuen Funktionalitäten sollen offen und ungeschönt vorgestellt werden, damit jeder einen ehrlichen Eindruck über die Erfolge des Sprints bekommen kann.

Im letzten und wichtigsten Schritt entscheidet der ProductOwner, ob die einzelnen Anforderungen vom Team erfüllt wurden oder nicht. An dieser Stelle outet sich Scrum als ein binäres Verfahren [Pi08, S. 108f]. Ein „fast fertig" oder „nur noch etwas fehlerträchtig" gibt es nicht! Anforderungen, auf die diese Eigenschaften zutreffen, gelten als nicht erfüllt und werden wieder im Product Backlog aufgenommen, neu priorisiert und im nächsten oder einem anderen Sprint an das Team vergeben. Nur fehlerfreie und vollständig implementierte Anforderungen, die in Form eines nutzbaren Produktinkrements vorliegen, werden vom ProductOwner abgenommen. Dieses Verfahren und auch ein konstruktives Feedback seitens des ProductOwners soll nach Pichler offen vor allen Beteiligten abgehalten werden, damit sich jeder dem aktuellen Stand des Projekts bewusst ist und keine falschen Eindrücke entstehen.

**Sprint Retrospective Meeting**

Das letzte Meeting vor Sprint-Ende, das von Gloger [Gl08] als Herzstück von Scrum beschrieben wird, bildet das Sprint Retrospective Meeting. Dieser relativ neue Workshop wurde erstmals im Jahr 2003 auf der „Agile Development Conference" vorgestellt und basiert auf der Idee, dass man durch Erfahrungen am besten lernt. Es findet unmittelbar im Anschluss des Sprint Reviews statt und schließt den aktuellen Sprint ab. Hauptfiguren sind hierbei wieder der ScrumMaster als Moderator, die Teammitglieder als Hauptbeteiligte und ggf. der ProductOwner. Wie die meisten Meetings im Scrum-Prozess verfügt auch dieses Treffen über eine festgelegte Timebox von in diesem Fall zwei bis maximal drei Stunden.

Der Ablauf des Treffens ist von Scrum nur wenig vorgeschrieben und sollte je nach Team individuell gewählt werden. Pichler [Pi08] empfiehlt das folgende Vorgehen:

1. Zur Einführung beginnt das Meeting mit dem sog. *Check-In*. Hierbei beschreibt jeder Teilnehmer in ein bis zwei Sätzen wie er sich fühlt, um sich so auf das Retrospective einzulassen.

2. Als nächstes müssen Daten über den Ablauf des aktuellen Sprints gesammelt werden. Dieses kann beispielsweise mit Karteikarten geschehen: Pichler empfiehlt das jedes Teammitglied in Eigenarbeit bis zu drei positive und bis zu drei negative Vorkommnisse des Sprints auf jeweils eine Karte schreibt. Beispiele für negative Einträge sind, dass die „Räumlichkeiten zu laut sind" oder „zu viele Anforderungen im Sprint Backlog aufgenommen wurden". Reihum stellt jedes Teammitglied seine Karteikarten kurz vor und pinnt sie an eine Stellwand. Nun gruppiert der ScrumMaster die einzelnen Karten nach ihrer inhaltlichen Thematik. Hierbei gewinnen die Beteiligten schon einen ersten Eindruck welche Probleme besonders gravierend sind und möglichst schnell behoben werden sollten.

3. Gemeinsam werden jetzt die Probleme besprochen und nach möglichen Lösungen und Verantwortlichen gesucht. Hierbei gilt der Grundsatz, dass ehrlich und respektvoll miteinander kommuniziert werden soll. Beleidigende Anschuldigungen haben hier ebenso wenig etwas verloren wie gegenseitige Schuldzuweisungen! Identifizierte Maßnahmen werden vom Verantwortlichen notiert und sobald wie möglich behoben. Damit sie nicht in Vergessenheit geraten werden sie auf der kommenden Sprint Planning Sitzung und bei wiederholtem Auftreten noch einmal angesprochen.

Schwaber [Sc07] bekräftigt, dass mithilfe dieser Maßnahmen die Zusammenarbeit des Teams verbessert und die Anwendung des Scrum-Prozesses optimiert wird. Infolge dessen wird die Produktivität und Softwarequalität gesteigert.

# 4 Praxiseinsatz von Scrum

„Agile Softwareentwicklung wird Mainstream" [WR08]. So lautet das Fazit einer aktuellen Studie über den Einsatz verschiedener Entwicklungsmethodiken. Zu dieser
Schlussfolgerung kamen die beiden Verantwortlichen einer Umfrage, die agilen Ent-
wicklungsmethoden eine weite Bekanntheit und hohe Einsatzraten attestiert. Die Spit-
zenposition der am weitest verbreiteten Methoden nimmt ihrem Ergebnis zu Folge
Scrum ein, das bereits 21 % der befragten Unternehmen einsetzten und deren Einsatz
weitere 12 % in der Zukunft planen.

Zugegeben, am Anfang meiner Literaturrecherche war ich sehr skeptisch. Zu eupho-
risch klangen viele Autoren in ihren Beschreibungen von Scrum und wirkten daher auf
mich mit ihren Aussagen schnell unrealistisch. Aber näheres Befassen mit der Materie
und das Lesen diverser Erfahrungsberichte hinterließen auch bei mir einen positiven
Eindruck. Dabei ist es, wie Ken Schwaber [Sc07] oft beschreibt, vor allem die Einfachheit und trotzdem komplexe Anwendungsvielfalt, die das Verfahren so attraktiv machen. Denn neben der Anwendung mit kleinen Entwicklungen und nur einer Hand voll
Teammitgliedern gibt es Ansätze Scrum auch für große Projekte einzusetzen. Die Literatur nennt diese Praktik oft „Scrum of Scrum" und beschreibt damit die Idee, dass sich
ein Team von ProductOwnern um die Organisation von mehreren Entwicklerteams
kümmert [Pi08, S. 125ff]. Schwaber „setzt noch einen drauf": Als weitere Ausbaustufe
von Scrum beschreibt er die Möglichkeit ganze Unternehmen bzw. Unternehmensteile
mithilfe der agilen Methodik zu organisieren. Dieser Idee widmet er, wie auch einige
andere Autoren, ein ganzes Buch [Sc08] und verspricht durch den Einsatz von Scrum
im Unternehmen „größere Agilität, qualitativ bessere Ergebnisse und geringere Kosten".

Zusammenfassend denke ich, dass Eigenschaften wie Flexibilität und Dynamik in einer
immer schneller und globaler werdenden IT ihren Stellenwert weiter ausbauen können.
Damit werden auch agile Software-Management-Methodiken wie Scrum zukünftig
nicht mehr aus der Softwareentwicklung wegzudenken sein.

# Literaturverzeichnis

[BB01]   Kent Beck, Maik Beedle, Arie van Bennekum et al.: Manifesto for Agile Software Development, 2001, Online verfügbar unter http://www.agilemanifesto.org, zuletzt geprüft am 15.11 2008.

[BK08]   Christian Buuse, Antje von Knethen: Vorgehensmodelle kompakt, Spektrum Akad. Verl., 2008.

[Bu08]   Heidi Buchner: Die Produkt-Vision als Leitfaden eines Projekts, 2008, Online verfügbar unter http://www.microtool.de/blog/post/Die-Produkt-Vision-als-Leitfaden-eines-Projektes.aspx, zuletzt geprüft am 22.11.2008.

[BW08]   Wolf-Gideon Bleek, Henning Wolf: Agile Softwareentwicklung, dpunkt.verl., 2008.

[DB07]   Pete Deemer, Gabrielle Benefield: Scrum Primer, In: The Scrum Papers: Nuts, Bolts, and Origins of an Agile Process, Hsrg.: Jeff Sutherland (Hg.), S. 20–32.

[DC04]   Mark Denne, Jane Cleland-Huang: Software by numbers, Prentice Hall PTR, 2004.

[DH04]   Rolf Dornberger, Thomas Habegger: Extreme programming, Fachhochsch. Nordwestschweiz., 2004.

[DK05]   Carsten Dogs, Timo Klimmer: Agile Software-Entwicklung kompakt, mitp, 2005.

[Gl08]   Boris Gloger: Scrum, Hanser, 2008.

[Pi08]   Roman Pichler: Scrum - Agiles Projektmanagement erfolgreich einsetzen, dpunkt-Verlag, 2008.

[PP07]   Mary Poppendieck, Thomas David Poppendieck: Implementing lean software development, Addison-Wesley, 2007.

[Sc07]   Ken Schwaber: Agiles Projektmanagement mit Scrum, Microsoft Press, 2007.

[Sc08]   Ken Schwaber: Scrum im Unternehmen, Microsoft Press, 2008.

[Su07b]  Jeff Sutherland: Agile Can Scale: Inventing and Reinventing Scrum in Five Companies, In: The Scrum Papers: Nuts, Bolts, and Origins of an Agile Process, Hsrg.: Jeff Sutherland (Hg.), S. 79–88.

[Su07c]  Jeff Sutherland: A Brief Introduction to Scrum, In: The Scrum Papers: Nuts, Bolts, and Origins of an Agile Process, Hsrg.: Jeff Sutherland (Hg.), S. 14–19.

[TN86]  Hirotaka Takeuchi, Ikujiro Nonaka: The new new product development game, Harvard business review, Jg. 64, H. 1, S. 137–146, 1986.

[WR08]  Henning Wolf, Arne Roock: Agilität wird Mainstream: Ergebnisse der Online-Umfrage 2008, OBJEKTspektrum, Jg. 03/2008, H. 03, S. 10–13, 2008, Online verfügbar unter http://www.sigs.de/publications/os/2008/03/marktstudie_OS_03_08.pdf, zuletzt geprüft am 02.12.2008.